Correspondance apocryphe de saint Paul et des Corinthiens

1891

Édition : BoD · Books on Demand, 31 avenue Saint-Rémy, 57600 Forbach, bod@bod.fr
Impression : Libri Plureos GmbH, Friedensallee 273, 22763 Hamburg (Allemagne)
ISBN : 978-2-3225-3337-4
Dépôt légal : Mars 2025

Un apocryphe de l'apôtre Paul est toujours digne d'intérêt. Le texte que nous allons faire connaître apporte une lumière nouvelle sur un document curieux, peu étudié jusqu'à présent, mais sur lequel des travaux tout récents viennent d'attirer l'attention des théologiens et des orientalistes. Il s'agit de la troisième Épître de saint Paul aux Corinthiens, ou plutôt de la correspondance apocryphe des Corinthiens et de saint Paul, — car il y a deux lettres, une des Corinthiens à saint Paul et la réponse de saint Paul aux Corinthiens, — qui nous a été transmise dans une traduction arménienne. Ce texte n'existant qu'en arménien, et n'ayant jamais été mentionné par les écrivains ecclésiastiques grecs et latins, on inclinait à y voir une production du christianisme oriental, un écrit primitivement rédigé en langue syriaque pour combattre quelque hérésie syrienne ou mésopotamienne. La découverte d'une version latine fort ancienne, faite évidemment sur un texte grec, est de nature à changer du tout au tout les conditions du problème. Aussi nous hâtons-nous de publier ce texte, sans l'accompagner aujourd'hui d'une étude critique, et nous réservant de reprendre la question dans un prochain travail. L'intelligence de la version latine sera facilitée par une traduction du texte arménien, mieux conservé que le latin, mais qui nous offre selon toute apparence une recension plus moderne de l'original.

I

La correspondance des Corinthiens avec saint Paul se trouve dans presque tous les exemplaires manuscrits de la Bible arménienne, dans le plus grand nombre à la fin des quatorze épîtres de Paul, dans quelques-uns immédiatement après la seconde épître aux Corinthiens[1]. C'est cette dernière place qu'elle occupe dans la traduction arménienne des commentaires de saint Éphrem sur le Nouveau Testament[2]. Si l'authenticité de cette partie des commentaires d'Éphrem peut donner lieu à discussion[3], en revanche il n'est guère contestable que le texte de 3 Corinthiens qui y est partiellement reproduit paraît plus ancien que celui des manuscrits bibliques. Malgré le haut patronage qui aurait été accordé à notre apocryphe par le prince des commentateurs syriens, on n'a relevé jusqu'à présent aucune citation de ce document dans les écrits syriaques[4] et fort peu dans la littérature arménienne[5].

Nous sommes mieux renseignés par les catalogues de livres saints. Mekhithar d'Aïrivank, chroniqueur arménien de la fin du treizième siècle, insère dans son ouvrage une sorte de Canon biblique d'après Jean le Diacre, qui vivait à la fin du onzième siècle[6]. Les livres du Nouveau Testament y sont rangés dans l'ordre suivant : QUATRE ÉVANGÉLISTES : *Jean, Matthieu, Marc, Luc. Actes des Apôtres.* ÉPÎTRES CATHOLIQUES : *Jacques ; 1 et 2 Pierre ; 1, 2 et 3 Jean ; Jude. Apocalypse.* [ÉPÎTRES DE SAINT PAUL :] 1 et 2 Thessaloniciens, 1, 2 et 3 Corinthiens, Romains, Hébreux, 1 Timothée, Tite, Galates, Éphésiens, Philémon, Colossiens, Philippiens, 2 Timothée. *Immédiatement après, le même chroniqueur indique un autre ordre pour les épîtres de Paul « suivant une liste trouvée par Clément[7] » :* Romains, 1, 2 et 3 Corinthiens, Galates, Éphésiens, Philippiens, Colossiens, 1 et 2 Thessaloniciens, Hébreux, 1 et 2 Timothée, Tite, Philémon. *Voici donc deux listes de livres canoniques, où notre apocryphe figure au même titre et à côté des deux épîtres authentiques. Ce fait suffit à montrer de quel crédit il jouissait à une certaine époque dans l'Église arménienne.*

Il ne fut connu et cité pour la première fois en Europe que vers le milieu du dix-septième siècle. Le célèbre archevêque Usher (Usserius) fait mention, en 1644, d'un manuscrit arménien copié à Smyrne et contenant, avec une traduction italienne, la correspondance de saint Paul et des Corinthiens. Ce manuscrit, ayant passé sur le continent, devint la propriété de Frédéric Masson, qui publia les deux lettres en latin dans le dixième volume de l'*Histoire critique de la république des lettres*[8]. L'année suivante, en 1715, David Wilkins en donna la première édition arménienne[9] avec une version latine qui fut revisée ou plutôt refaite en 1716 par La Croze. Ces deux traductions de Wilkins et de La Croze, réimprimées par Fabricius dans la troisième partie de son *Codex apocryphus Novi Testamenti*[10], forment certainement le texte le plus répandu de notre apocryphe, et de nos jours encore, en 1856, l'auteur du *Dictionnaire des apocryphes* de la collection Migne a cru satisfaire aux besoins de ses lecteurs en mettant en français le latin de la version de Wilkins, la plus imparfaite des deux. Il n'existe pas, à notre connaissance, d'autre traduction en langue française.

Malheureusement le manuscrit de Smyrne offrait un texte fort incomplet. Il ne contenait pas le fragment historique qui sépare les deux épîtres et raconte où et dans quelles circonstances saint Paul reçut la lettre des Corinthiens et écrivit sa réponse. De plus, la lettre de saint Paul était tronquée et ne comprenait que dix versets sur quarante.

Un autre manuscrit, complet cette fois, mais assez incorrect, fut rapporté d'Alep par Guillaume Whiston et envoyé à La Croze pour en obtenir une nouvelle traduction, qui fut publiée en Angleterre en 1727 et plus tard dans la correspondance du savant bibliothécaire de Berlin[11]. La Croze, qui précédemment avait fait descendre jusqu'au dixième ou au commencement du onzième siècle la composition de la troisième épître aux Corinthiens, changea d'avis en étudiant le nouveau texte et émit l'hypothèse intéressante que nous avons là un fragment des *Actes de saint Paul*, apocryphe depuis longtemps perdu. Les deux fils de Guillaume Whiston, qui avaient appris l'arménien, joignirent à leur célèbre édition de l'historien Moïse de Khoren[12] un appendice contenant le texte du manuscrit d'Alep, avec une traduction latine et une traduction grecque qui furent réimprimées à Leipzig, en 1776, par les soins de B. Carpzov.

Zohrab, père mekhithariste du couvent de Saint-Lazare, à Venise, donna le premier une édition critique du texte de nos épîtres à la suite de sa grande édition de la Bible arménienne qui parut en 1805. Il se servit pour cela de huit manuscrits plus ou moins anciens dont il nota soigneusement les variantes, mais en négligeant d'indiquer pour chacune d'elles le manuscrit qui la présentait. Malgré cette grave lacune, l'édition de Zohrab, beaucoup plus correcte que les précédentes, est jusqu'à présent celle qui doit servir de base à tout travail critique sur le texte de 3 Corinthiens. Elle a été reproduite, avec fort peu de changements, dans les deux éditions de la grammaire arménienne anglaise du P. Pascal Aucher[13], avec une traduction anglaise due à la plume de lord Byron [14], mais non à sa connaissance de l'arménien.

Ce fut également à l'obligeance et à la science du P. P. Aucher que Rinck dut de pouvoir écrire en 1823 le plus important travail dont la correspondance de Paul avec les Corinthiens eût encore été l'objet[15], avec une traduction bien supérieure à toutes celles qui avaient déjà été faites. Rinck ne savait pas l'arménien et son collaborateur ne comprenait pas l'allemand ; ce fut donc seulement en italien et en latin qu'ils purent échanger leurs observations philologiques. Il en résulta néanmoins une étude sérieuse du texte et de ses diverses variantes, mais l'ensemble du travail fut compromis par l'idée malencontreuse qu'eut Rinck de défendre l'authenticité des deux lettres, dont personne n'avait parlé depuis Guillaume Whiston le père. Ullman ne s'en crut pas moins obligé de réfuter cette étrange thèse[16].

Il nous faut descendre jusqu'à ces derniers mois pour trouver de nouvelles études sur le texte de 3 Corinthiens.

Presque en même temps, à quelques semaines d'intervalle et indépendamment l'un de l'autre, deux savants allemands viennent de consacrer à cet apocryphe des travaux fort importants et du plus haut intérêt.

Le premier en date, M. P. Vetter, jeune théologien catholique du Wurtemberg qui vient d'être nommé professeur à l'Université de Tubingue, a publié dans le dernier cahier de l'année 1890 de la *Theologische Quartalschrift* le premier article d'une étude intitulée : « La troisième épître apocryphe aux Corinthiens ; traduction nouvelle et essai sur son origine. » L'auteur indique ses conclusions dès la première page : « Cette correspondance apocryphe a été composée en Syrie, probablement à Édesse, vers l'an 200, sous le règne du roi Abgar VIII et l'épiscopat de Palout, pour combattre la doctrine du gnostique Bardesane d'Édesse. » Nous n'avons pas encore reçu la suite du travail où cette thèse si nettement formulée doit être démontrée. Mais la première partie est celle qui nous intéresse le plus aujourd'hui. Elle comprend : 1º une traduction nouvelle de l'arménien, faite sur un texte critiquement établi d'après les manuscrits déjà énumérés, plus un manuscrit de Paris et le commentaire de S. Éphrem que M. Vetter a signalé le premier, bien qu'il soit imprimé depuis 1836 ; 2º une traduction fort soignée de ce commentaire. Il est bien regrettable que le manque de caractères ait empêché M. Vetter de nous donner dans la langue originale le texte à l'amélioration duquel il s'est appliqué avec tant de soin.

M. Th. Zahn, professeur de théologie à l'Université de Leipzig, a également étudié 3 Corinthiens dans un fascicule de son *Histoire du Canon du Nouveau Testament*[17] qui porte la date de 1891. Lui aussi attache une très grande importance au commentaire d'Éphrem, dont il publie intégralement une traduction due à un Arménien, M. Kanaiantz, en distinguant par la diversité des caractères d'imprimerie le texte de l'original d'avec la paraphrase du commentateur. M. Zahn ne sait malheureusement pas l'arménien ; s'il avait pu comparer lui-même le commentaire avec le texte des lettres, et surtout consulter la version latine qui fait le principal objet de la présente publication, il n'aurait assurément pas dit que le texte commenté était déjà lui-même souvent devenu une paraphrase, tout en reconnaissant que, par son origine et ses témoins, il devait être plus ancien que le texte des manuscrits bibliques. Il attribue à la correspondance de Paul et des Corinthiens une date plus haute encore que celle proposée par M. Vetter. Reprenant l'hypothèse avancée d'abord par La Croze en 1727, M. Zahn voit dans nos deux lettres un fragment extrait des *Actes de saint Paul* mentionnés par Origène et dont la composition remonterait au second siècle.

Un point assez important du débat, sur lequel nos auteurs ne se prononcent pas bien nettement, est celui-ci : De quelle langue, du grec ou du syriaque, nos lettres ont-elles passé en arménien ? M. Vetter croit à une origine syriaque ; M. Zahn suppose un texte grec primitif, mais admet que pendant assez longtemps l'apocryphe a fait partie du canon de l'Église d'Édesse puisqu'il a été commenté par S. Éphrem ; selon toute vraisemblance il aurait donc été traduit du syriaque.

Le texte latin que nos lecteurs trouveront plus loin nous paraît condamner la thèse de M. Vetter. Il a été traduit du grec, cela est certain. Or il recouvre en maint endroit si exactement l'arménien que l'on doit admettre que les deux versions proviennent d'une même source ; tout au plus pourrait-on supposer une version syriaque absolument littérale dont découlerait l'arménien, mais un original syriaque n'est en aucune manière admissible. Il n'y a du reste dans le texte arménien aucune trace de provenance syriaque.

De plus, une comparaison attentive entre la traduction latine et le texte suivi par le commentaire d'Éphrem nous amène à conclure que les deux textes appartiennent à une même recension, plus ancienne que la recension contenue dans les manuscrits bibliques arméniens. Celle-ci en effet offre une certaine quantité de gloses introduites dans le texte, et même un verset en double rédaction (cf. Épître de Paul, v. 24 et 25).

Pour terminer cette rapide esquisse de l'histoire de 3 Corinthiens, deux mots sur la traduction qui suit le texte latin. Nous avons suivi le texte de Zohrab, sauf dans un petit nombre de passages où nous avons préféré des variantes notées par Zohrab lui-même. En même temps nous avons visé à une scrupuleuse fidélité, mais en tenant compte des exigences de la langue française et sans nous astreindre à un servile littéralisme. Enfin nous avons admis la coupe des versets proposée par Vetter, qui lui-même s'est presque toujours conformé au travail de Rinck. Il n'était pas possible de garder les versets du texte arménien.

A. C.

II

Quant au texte latin, dont il vient d'être question, voici de quelle manière nous en avons eu connaissance.

Tandis qu'en octobre 1890 je travaillais à la bibliothèque Ambrosienne de Milan, sous l'œil bienveillant du savant préfet de la bibliothèque, l'abbé Ceriani, j'eus l'occasion d'examiner une bible latine qui porte la cote *E 53 inferior*. Les livres de la Bible sont rangés, dans ce manuscrit, suivant un ordre qui paraîtrait incompréhensible si l'on ne savait que c'est à peu près exactement l'ordre dans lequel les livres bibliques sont lus, dans le cours de l'année, aux offices ecclésiastiques[18]. Une note écrite en tête du volume rend le lecteur attentif à cette disposition curieuse, et dont je ne pense pas qu'on trouve un autre exemple aussi ancien ; elle nous indique en même temps la provenance du manuscrit :

Hoc porro ordine conscriptos sacros hosce libros reor, quo illos Ambrosiana ecclesia in matutinis precibus legit[19]. *Utpote hic codex fuit usque præposituræ SS. Petri*

11

et Pauli de Abiascha in Lepontiis, atque a præsentissimo interitu pecunia redemptus hoc anno MDCCLXXVI.

Abiascha est le nom latin de Biasca, village situé dans la haute vallée du Tessin, sur la route du Saint-Gothard[20]. C'est donc de ce coin reculé des Alpes que provient notre volume : il se ressent de l'état de ruine où il était lorsque le bibliothécaire B. Oltrocchi le sauva de la destruction[21]. Le manuscrit n'est probablement pas antérieur au dixième siècle, il n'est certainement pas plus récent. Le texte qu'il contient est la Vulgate, mais mêlée de beaucoup d'éléments empruntés aux anciennes versions. Ce texte est curieux à tous égards ; il ne ressemble pas à ceux que Bobbio nous a légués ou que Monza nous a conservés. Les analogues en devraient être cherchés fort loin. Certaines préfaces et certains sommaires ne se rencontrent pas ailleurs. Est-ce un texte erratique, égaré dans ces hautes vallées, ou n'est-ce pas plutôt le témoin d'une très ancienne tradition ? Nous ne saurions le dire.

À la fin du manuscrit, au feuillet 169, on lit, après les mots *Explicit epistula Pauli ad Hebreos,* les textes suivants, écrits de la même main que ce qui précède, mais malheureusement très effacés et, en quelques passages, entièrement illisibles :

Incipiunt scripta Corinthiorum ab (sic) *apostolum Paulum.*

. . . .

Incipit rescriptum Pauli apostoli ad Corinthios.

. . . .

Incipit eiusdem Pauli apostoli a[d Laodicenses]. (Ce dernier titre est presque illisible[22].)

. . . .

Les deux premiers de ces textes sont publiés ci-dessous.

Pris de court par mon départ et découragé par le peu de lumière qui pénètre, en un jour d'automne, dans la salle de l'Ambrosienne, je n'avais pas achevé de copier la correspondance apocryphe de saint Paul et des Corinthiens. Mes notes en comprenaient à peine la première moitié. Mais lorsque la lecture de l'intéressant article de M. Vetter m'eut montré, peu de semaines après, l'actualité de ce sujet, je résolus d'invoquer l'aide d'un jeune docteur de l'Ambrosienne, l'abbé A. Ratti, dont j'avais pu apprécier, dans une excursion faite ensemble à Monza, le bon esprit scientifique et la parfaite obligeance. J'avais d'abord essayé de déterminer M. P. Corssen, qui avait avant moi pris copie des mêmes pièces, à les publier à ma place, mais M. Corssen s'y était refusé avec la délicatesse que je lui connais. M. Ratti voulut bien à la fois revoir mes notes et continuer ma copie. Il eut également l'obligeance de se charger de faire photographier sous ses yeux les pages en question. Ce que son travail a dû être, ceux-là seuls le comprendront qui savent en quel triste état est le verso du feuillet 169. C'est pourquoi l'établissement du texte qui va suivre lui appartient au moins autant qu'à moi. Je n'ai pas craint de demander en outre à M. Corssen de vouloir bien collationner notre transcription avec la copie qu'il avait prise, et il y a mis le plus bienveillant empressement. Enfin M. Ceriani a eu l'extrême obligeance de revoir le manuscrit une dernière fois dans les passages douteux. Dans l'état de délabrement où est l'unique manuscrit, il a été nécessaire de recourir en plusieurs endroits, pour restaurer le texte, à la conjecture, et la traduction arménienne a été en cela notre guide. Sans elle, la lecture du texte tout entier aurait été presque impossible.

Nous avons naturellement reproduit la version latine avec toutes les incorrections qui appartiennent au traducteur et avec celles qui sont le fait du copiste, augmentées de celles qui ont sans doute pour cause l'insuffisance de notre lecture. D'autres peut-être liront mieux que nous. Quant aux sept ou huit lignes qui sont entièrement détruites dans le manuscrit, nous avons essayé de les rétablir d'après le texte arménien, sans attacher du reste aucune importance à notre restitution et uniquement afin de présenter au lecteur un texte complet. Les passages rétablis par conjecture et ceux dont la lecture est douteuse sont imprimés en italique. Notre transcription est faite ligne pour ligne, et donne autant que possible la représentation fidèle du manuscrit.

S. B.

1. ↑ Zohrab, dans la préface de l'Appendice à la Bible arménienne de Venise, 1805.
2. ↑ *Œuvres de S. Éphrem* (traduction arménienne ancienne), Venise, 1836, t. III, p. 116-123.
3. ↑ Le commentaire semble avoir été rédigé sur le texte arménien. Il manque dans le manuscrit du commentaire sur les épîtres de Paul conservé à la bibliothèque patriarcale d'Etschmiadzin.

4. ↑ La citation d'Aphraat signalée par Zahn (*Geschichte des neutestamentlichen Kanons*, II, 1, p. 561) est au moins douteuse.

5. ↑ Rinck, ou plutôt le P. P. Aucher (voir plus bas), a relevé en tout trois citations se rapportant au même verset de l'épître aux Corinthiens (v. 11). La seule qui pourrait avoir de l'importance, si la source en était authentique, est celle qui serait empruntée à un discours de saint Grégoire l'Illuminateur aux néophytes (commencement du ive siècle). Mais le passage est si mal indiqué par Rinck (*Sendschreiben u. s. w.*, p. 14) que M. Vetter, qui a pris la peine de vérifier, ne l'a pas trouvé dans les *Discours*, d'ailleurs supposés, de saint Grégoire. La citation existe cependant, mise dans la bouche de saint Grégoire, mais il faut la chercher dans l'*Histoire* d'Agathange (éd. de Tiflis, 1882, p. 168 ; éd. de Venise 1835, p. 215). M. Thoumaian (*Agathangelos et la doctrine de l'Église arménienne au Ve siècle.* Lausanne, Georges Bridel, 1879) a bien cité le passage comme attribué à saint Paul, mais n'en a pas reconnu l'origine (p. 36). Le livre d'Agathange contient du reste quelques autres traces de notre apocryphe.

6. ↑ Brosset, *Histoire chronologique de Mekhithar d'Aïrivank*, traduit de l'arménien. Saint-Pétersbourg, 1869, p. 23 (dans les *Mémoires de l'Acad. imp. des sciences de Saint-Pétersbourg*, 7me série, t. XIII, n° 5).

7. ↑ Ce Clément, que Mekhithar fait figurer sur une autre liste comme l'auteur d'un apocryphe intitulé : *Quels livres doivent être admis ?* est probablement, dans la pensée de l'auteur, Clément d'Alexandrie.

8. ↑ Amsterdam et Utrecht, 1714.

9. ↑ *Epistolæ S. Pauli ad Corinthios et Corinthiorum ad S. Paulum armenice, ex museo viri clariss. P. Massonii, versionem latinam accurante Wilkins. Amstelodami*, 1715.

10. ↑ Hambourg, 1719.

11. ↑ *Thesaurus epistolicus Lacrozianus, Lipsiæ*, 1746, T. III, p. 237 sv.

12. ↑ Londres, 1736.

13. ↑ *A grammar armenian and english.* Venice, 1819 et 1832.

14. ↑ Cette traduction est réimprimée dans les œuvres de lord Byron (Paris, Galignani, 1842, p. 819) et accompagnée de la note suivante : *Done into english by me, february 1817, at the convent of San Lazaro with the aid and exposition of the armenian text by the father Paschal Aucher, armenian friar.*

Byron.

Venice, april 10, 1817.

I had also the latin text, but it is in many places very corrupt and with great omissions.

Byron dans ces derniers mots veut parler de la traduction latine de D. Wilkins.

15. ↑ *Das Sendschreiben der Korinther an den Apostel Paulus und das dritte Sendschreiben Pauli an die Korinther*, Heidelberg, 1823.
16. ↑ *Heidelberger Jahrbücher der Literatur*, 1823, Heft 6.
17. ↑ *Geschichte des Neutestamentlichen Kanons. 2. Band, 2. Hälfte, 1. Abth.* p. 592-611.
18. ↑ Octateuque, Jérémie, Actes, Épîtres catholiques, Apocalypse, Rois, Livres sapientiaux, Job, Tobie, Judith, Esther, Esdras, Machabées, Ézéchiel, Daniel, petits Prophètes, Ésaïe, saint Paul.
19. ↑ L'auteur de la note n'a pas remarqué que le rit ambrosien est, sur ce point, d'accord avec la liturgie romaine.
20. ↑ On connaît trois autres manuscrits provenant de Biasca et qui sont entrés à la bibliothèque Ambrosienne avec notre manuscrit ; l'un d'eux est un sacramentaire du rit ambrosien, du dixième siècle (*A 24 bis inf.* ; Delisle, *Mémoire sur d'anciens sacramentaires*, p. 199).
21. ↑ Description sommaire du manuscrit : 485 millimètres sur 380. 169 feuillets. 2 colonnes de 49 à 51 lignes. Titres courants noirs, chapitres rouges et rubriques ; quelques grandes initiales à entrelacs. Commencement : *Desiderii mei* (préface de la Genèse)… Très mutilé.
22. ↑ L'épître aux Laodicéens est assez incorrecte et montre plusieurs leçons très rares (ainsi, vers. 14, *petiones*, avec le seul *Codex Toletanus*. Cf. J.-B. Lightfoot, *Colossians*, troisième édit., 1879, p. 287).

INCIPIUNT SCRIPTA CORINTHIORUM
AB APOSTOLUM PAULUM

Stephanus et qui cum eo sunt omnes maiores natu Daphinus et Eubolus et Theophilus et Zenon, Paulo fratri in Domino æternam salutem. [2] Superuenerunt Corintho uiri duo, Simon quidam et Cleobius, qui corundam fidem peruertunt uerbis adulteris, [3] quod tu proba. [4] Numquam enim audiuimus a te talia

Col. 2.

neque ab aliis apostolis. [5] *Hoc autem scimus, quod omnia quæ a te audiuimus et ab illis firmiter obseruamus.* [6] *Sed in hoc misertus est nostri Dominus, quod audiemus iterum ex te* in carne *tua,* [7] *Citatum ergo fac aduentum tuum ad nos.* [8] Credimus enim, sicut adapertum est *Theonæ,* quoniam liberauit te Dominus de manu iniqui. Petimus ut rescribas nobis. [9] Sunt enim quæ dicunt et docent talia : [10] Non debere inquiunt uatibus credi, [11] neque esse Deum *omnipotentem* [12] neque esse resurrectionem carnis, [13] sed nec esse fig*mentum* hominem Dei, [14] sed neque in carne uenisse Christum, sed neque ex Maria natum, [15] sed nec esse sæculum Dei sed nuntiorum. [16] Propter quod petimus, frater, omni necessitate cura uenire ad nos, ut non in offensam maneat Corinthiorum eclesia, et eorum dementia inanis inueniatur. Vale in Domino.

INCIPIT RESCRIPTUM PAULI APOSTOLI AD CORINTHIOS

Paulus uinctus Ihesu Christi his qui sunt Corintho fratribus in Domino salutem. In multis cum essem tediis [2] non miror si sic tam cito percurrunt maligni decreta. [3] Quia Dominus meus Ihesus Christus citatum aduentum suum faciet, decipiens eos qui adulterant uerbum eius. [4] Ego enim ab initio tradidi uobis que et accepi et tradita sunt mihi a Domino et eis qui ante me sunt apostoli et fuerunt omni tempore cum Christo Ihesu, [5] quoniam dominus noster Ihesus Christus ex virgine Maria natus est ex semine David secundum carnem de *sancto* Spiritu de caelo a Patre misso in eam per angelum Gabrihel, [6] ut in hunc mundum prodiret Ihesus in carne, ut liberaret omnem carnem per suam natiuitatem, et ut ex mortuis nos excitet corporales sicut et ipse est. [7] Tipum nobis ostendit quia homo a Patre eius finctus est. [8] Propter quod et perditus quæsitus est ab eo ut uiuificetur per filii creationem[1] [ut per quam carnem conuersatus est malus, per eam et uinceretur quia non est Deus. Suo enim corpore Ihesus Christus saluauit omnem carnem[2]]. [9] Nam quia Deus omnium et omnia tenens, qui fecit cælum et terram, misit primum Judæis prophetas, ut a peccatis abstraberentur, [10] consolatus enim saluare domum Israel, partitus ergo a spiritu Christi misit in prophetas, qui enarrauerunt Dei culturam et natiuitatem Christi, prædicantes temporibus multis. [11] Nam quia iniustus princeps, Deum uolens esse se, eos sub manu negabat, et omnem carnem hominum ad suam uoluntatem alligabat, et consummationes mundi iudicio adpropinquabant. [12] Sed *Deus* omnipotens cum sit iustus, nolens abicere suam finctionem, m*iser*tus est de cælis [13] et misit Spiritum sanctum in Mariam in Galilea. [14] Quæ ex totis præcordiis credidit, accepitque in utero Spiritum sanctum, ut in seculum prodiret Ihesus, [15] ut per quam carnem conuersatus est malus, per eam uinctus probatus est[3] non esse Deus. [16] Suo enim corpore Ihesus Christus

    F° 169 v°, col. 1.

saluauit omnem carnem et deduxit ad uitam æternam per fidem, [17] *ut iustitiæ templum in corpore suo futuris temporibus pararet.* [18] *In quo et nos ubi credidimus liberati sumus.* [19] *Sciatis etiam quia isti non sunt iustitiæ filii, qui cohibent Dei* prudentiam, absque *fi*de dicentes non esse cælum et terram et omnia quæ in eis sunt Patris opera. [20] Ipsi sunt ergo filii iræ maledictam enim colubri fidem habent. [21] Quos re*pellit*e a uobis et a doctrina eorum fugite. [22] Non *enim* estis fili inobedientiæ sed amantissime *ecclesiæ*. [23] Propterea resurrectionis tempus prædicatum est. [24] Quod autem uobis dicunt resurrectionem non esse carnis, illis non erit resurrectio in uitam sed in iudicium eius, [25] quoniam circa eum qui resurrexit a mortuis infideles sunt, non credentes neque intellegentes. [26] Neque enim uiri Corinthii sciunt tritici se mina *si*cut aliorum seminum quoniam nuda mittuntur in terra et simul corrupta deorsum surgunt in uoluntate Dei corporata et uestita. [27] Non solum corpus quod missum est surgit, sed quamplurimum benedicens. [28] Et si non oportet a seminibus tantum facere parabolam sed a dignioribus corporibus, [29] uide quia Ionas Amathi filius, Nineuitis cum non prædicaret sed cum fugisset, a cæto gluttitus est ; [30] et post triduum et tres noctes ex altissimo inferno *tandem* exaudiuit Deus orationem Ionæ et nihil illius corruptum est neque capillus neque palp*ebra*. [31] Quanto magis uos pusilli fide et eos qui credider*unt* in Christum Ihesum excitabit sicut ipse surrexit. [32] S*icut enim* super ossa Helisæi prophete mortuus missus est a filiis Israel et resurrexit corpus et anima et ossa et spiritus, quanto magis uos pusille fidei a m*ortuis* in illa die resurgetis habentes sanam carnem sicut et Christus resurrexit. [33] Similiter et de Helia propheta filium uiduæ a morte resuscitabit. Quanto magis uos dominus Ihesus in uoce tube in notu oculi a morte resuscitabit, sicut et ipse a mortuis resurrexit. Tipum enim nobis in suo corpore ostendit. [34] Quod si quid aliud recepistis, *erit* uobis Deus in testimonium, et molestus mihi nemo sit. Ego enim stigmata Christi in manibus habeo [35] ut Christum lucrer et stigmata crucis eius in corpore meo, ut ueniam in resurrectionem ex mortuis. [36] Et si quisquam regulam accepit per felices prophetas et sanctum eu*angel*ium, manet, mercedem accipiet et cum re*surr*exerit a mortuis uitam æternam consequetur. [37] Qui autem hæc præterit, ignis est cum illo et cum eis qui sic præcurrunt, qui sine Deo sunt homines, [38] qui sunt genera uiperarum. [39] Quos repellite in Domini potestate, [40] et erit uobiscum pax gratia et dilectio. Amen.

EXPLICIT EPISTOLA AD CORINTHIOS TERTIA

---

1. ↑ *Filii creatio* doit être une mauvaise traduction de υἱοθεσία, que l'arménien a bien rendu par « adoption ».
2. ↑ Traduction des versets 15 (fin) et 16, qui se trouvent ici déplacés par suite d'une erreur du copiste ou du traducteur.
3. ↑ Corrigez *probaretur*, d'après le v. 8.

Lettre des Corinthiens à l'apôtre saint Paul.

I

[1] Stéphanus et les anciens qui sont avec lui, Dabnus[1], Eubulus, Théophile et Xinon[2], à Paul notre frère[3], évangéliste et fidèle docteur en Jésus-Christ, salut.

[2] Deux hommes sont venus à Corinthe, Simon et Cléobius[4], qui ébranlent[5] fortement la foi de quelques-uns, les séduisant par d'abominables doctrines [3] dont il faut que tu sois informé ; [4] car nous n'en avons jamais entendu de semblables, ni de toi, ni des autres apôtres, [5] et nous savons que ce que nous avons entendu de toi et de ceux-ci, nous le gardons fidèlement. [6] Mais en ceci le Seigneur nous a témoigné sa grande miséricorde, que nous pouvons de nouveau recevoir tes enseignements pendant que tu es encore en chair au milieu de nous.

[7] Écris-nous donc maintenant, ou hâte-toi de venir toi-même chez nous, [8] car nous avons cette confiance dans le Seigneur qu'il t'a délivré des mains de l'impie, comme cela a été révélé à Théonas[6].

[9] Voici les doctrines d'erreur que ces impurs annoncent et enseignent :

[10] Il ne faut pas, disent-ils, recevoir les prophètes ;

[11] Dieu n'est pas tout-puissant ;

[12] Il n'y a pas de résurrection de la chair[7] ;

[13] L'homme n'a été nullement créé par Dieu ;

[14] Jésus-Christ n'est pas né en chair de la vierge Marie[8] ;

[15] Ils ne regardent point ce monde comme ayant été créé par Dieu, mais par un certain ange.

[16] Maintenant, frère, prends la peine de venir jusqu'à nous, pour qu'il n'y ait pas de scandale dans la ville de Corinthe, et que la folie de ces hommes, confondue devant tous par une répréhension publique, soit répudiée.

Au nom du Seigneur[9], salut.

II

[1] Les diacres Théreptus et Tychus prirent cette lettre et la portèrent dans la ville de Philippes. [2] Lorsque Paul la reçut, bien qu'il fût lui-même dans les chaînes à cause de Statonice, femme d'Apollophane[10], comme s'il eût oublié ses liens, il fut désolé des choses qu'il apprenait, [3] et dit en pleurant : « Comme il vaudrait mieux pour moi être mort et être avec le Seigneur, qu'ici dans ce corps, entendant de telles choses et *apprenant* les calamités d'une fausse doctrine ! Une tristesse en effet vient s'ajouter à une autre tristesse. [4] Et comme surcroît à de telles douleurs, être dans les chaînes, voir ces calamités, ces angoisses, Satan s'efforçant de faire du mal à ceux vers lesquels il est accouru avec ses machinations ! » [5] C'est ainsi, au milieu

de nombreuses souffrances, que Paul répondit à la lettre des Corinthiens :

III

[1] Paul, prisonnier pour Jésus-Christ, aux frères de Corinthe, du milieu de mes nombreuses tribulations, salut.

[2] Je ne suis nullement étonné de ce que les séductions du malin se répandent si vite ; [3] mais le Seigneur Jésus va hâter sa venue, parce que l'on change et méprise ses commandements. [4] Pour moi, dès le commencement, je vous ai enseigné ce que j'ai reçu moi-même des premiers apôtres, qui ont vécu tout le temps avec notre Seigneur Jésus-Christ.

[5] Maintenant encore je vous dis[11] que le Seigneur Jésus-Christ est né de la vierge Marie, qui était de la race de David, selon les promesses de l'Esprit saint envoyé du ciel en elle par le Père, [6] afin que Jésus entrât dans ce monde pour délivrer toute chair par sa chair et nous ressusciter des morts, comme il nous en a donné l'exemple en sa personne.

[7] Pour qu'il devînt évident que l'homme a été créé par le Père, [8] il n'a point été abandonné dans la perdition, mais il a été recherché pour être vivifié par l'adoption. [9] Car Dieu, le maître de toutes choses, le père de notre Seigneur Jésus-Christ, celui qui a créé le ciel et la terre, a d'abord envoyé les prophètes aux Juifs pour les arracher à leurs péchés et les amener à sa justice. [10] Voulant sauver

la maison d'Israël, il a envoyé une part de l'Esprit sur les prophètes, pour qu'ils annonçassent pendant bien longtemps la vraie religion et la naissance du Christ. [11] Mais le prince d'iniquité, voulant s'égaler à Dieu, mettait la main sur eux et enchaînait tous les hommes par le péché.

Comme le jugement du monde approchait, [12] le Dieu tout-puissant, voulant justifier et non pas rejeter ses créatures, et les voyant tourmentées, eut pitié d'*elles* [13] et, à la fin des temps, il envoya le Saint-Esprit dans la vierge[12] prévue par les prophètes, [14] laquelle, ayant cru de tout son cœur, devint digne de concevoir et d'enfanter notre Seigneur Jésus-Christ ; [15] afin que, par cette même chair dont se glorifiait orgueilleusement le Malin, il fût repris lui-même et convaincu de n'être pas Dieu. [16] Car c'est en sa chair que Jésus-Christ a appelé et sauvé la chair périssable et l'a amenée à la vie éternelle par la foi, [17] afin de préparer pour les temps futurs un saint temple de justice en son corps, [18] par la foi auquel nous aussi avons été délivrés.

[19] Sachez encore que ces hommes ne sont pas des enfants de justice, mais des enfants de colère, car ils éloignent d'eux-mêmes la miséricorde de Dieu en disant que le ciel, la terre et toutes les créatures ne sont point l'œuvre du Père de toutes choses. [20] Ces maudits professent la doctrine du serpent. [21] Mais vous, avec l'aide de Dieu, repoussez-les loin de vous, et rejetez loin de vous leur doctrine perverse ; [22] car vous n'êtes pas des fils de la désobéissance, mais des enfants de l'Église bien-

aimée : [23] c'est pourquoi le temps de la résurrection est annoncé à tous.

[24] Ceux qui disent : « Il n'y a point de résurrection de la chair, » ceux-là ne ressusciteront point pour la vie éternelle, mais pour la condamnation ; car les incrédules ressusciteront en chair[13] pour le jugement.

[25] Car pour ceux qui disent de la chair : « Il n'y a point de résurrection, » pour ceux-là il n'y aura pas de résurrection, parce qu'ils ont ainsi renié la résurrection[14].

[26] Vous savez bien, hommes de Corinthe, au sujet de la semence du blé et des autres semences, qu'un grain nu tombe seul en terre et que ce grain, une fois dans le sol, commence par mourir ; puis il ressuscite, par la volonté du Seigneur, revêtant le même corps *qu'il avait auparavant* ; [27] et ce n'est point un seul corps qui ressuscite, mais beaucoup d'autres de même espèce lèvent avec lui et prospèrent.

[28] Ce n'est point seulement des semences que nous devons tirer des exemples, mais aussi des corps plus nobles, de l'homme.

[29] Vous savez que Jonas, fils d'Amathi, parce qu'il refusait de prêcher aux Ninivites, fut jeté dans le ventre du poisson *et y resta* trois jours et trois nuits. [30] Au bout de trois jours, Dieu exauça ses prières et le tira du fond de l'abîme, sans que son corps eût en rien souffert, sans qu'un de ses cils eût été courbé, ni qu'un de ses cheveux eût été arraché. [31] À combien plus forte raison, vous, gens de

petite foi, si vous croyez au Seigneur Jésus-Christ, vous ressuscitera-t-il comme il est lui-même ressuscité.

[32] Et si les ossements du prophète Élisée, tombant sur un mort, ont ressuscité ce mort[15], à combien plus forte raison vous, qui trouvez un appui dans la chair, le sang et l'esprit du Christ, ressusciterez-vous en ce jour-là avec votre corps intact.

[33] Le prophète Élie, en embrassant le fils de la veuve, l'a ressuscité des morts. À combien plus forte raison Jésus-Christ vous ressuscitera-t-il, vous aussi, en ce jour-là, comme il est lui-même ressuscité des morts avec son corps intact.

[34] Si vous recevez inconsidérément quelque autre *doctrine*, que personne désormais ne vienne plus me fatiguer. Car je porte sur moi ces chaînes [35] afin de gagner Christ, et j'endure en mon corps les tourments pour mériter la résurrection des morts. [36] Et vous qui avez tous reçu la loi par les bienheureux prophètes et le saint Évangile, tenez ferme ; vous recevrez la récompense à la résurrection des morts, vous hériterez la vie éternelle. [37] Mais s'il se trouve quelque homme de petite foi qui transgresse ces enseignements, il prépare sa propre condamnation et sera châtié avec ceux qui soutiennent les desseins de ces hommes d'erreur[16] ; [38] car ceux-ci sont une race de vipères, une engeance de serpents et de basilics. [39] Repoussez-les, séparez-vous d'eux avec l'aide de notre Seigneur Jésus-Christ ; [40] et que soient avec vous la paix et la grâce du bien aimé premier-né. Amen.

1. ↥ Dabnus = Δάφνος ; cf. *dabni,* laurier = δάφνη.

2. ↥ Xinon = Zénon ; le traducteur arménien a sans doute pris un Z pour un Ξ. La faute serait inexplicable en supposant un original syriaque.

3. ↥ Z. : père.

4. ↥ Z. : Cléobus.

5. ↥ Z. : ont ruiné.

6. ↥ La traduction suivante des versets 7 et 8, conforme à la version latine, nous paraît résulter du texte qui a servi de base au commentaire d'Éphrem, en assez mauvais état à cet endroit : « Hâte-toi donc de venir toi-même chez nous, — car nous avons cette confiance dans le Seigneur qu'il t'a délivré des mains de l'impie, comme cela a été révélé à Théonas, — ou bien écris-nous une lettre. »

7. ↥ Z. ajoute : pour les morts, *ou bien* : des corps morts.

8. ↥ Texte d'Éphrem et latin : « Ils disent que notre Seigneur n'est pas venu en chair, et ne le regardent point comme né de la vierge Marie. »

9. ↥ Manque dans Z.

10. ↥ Z. : Apopholanus.

11. ↥ Les premiers mots : « Maintenant encore je vous dis » manquent dans le texte d'Éphrem et le latin, qui réunissent en une seule phrase les versets 4 et 5 : « Je vous ai enseigné ce que j'ai reçu… savoir, que le Seigneur Jésus-Christ est né, etc. »

12. ↥ Au lieu de « dans la vierge », le texte d'Éphrem porte : « en Marie la Galiléenne », et n'a pas : « prévue par les prophètes ». De même le latin.

13. ↥ Z. : ils ressusciteront avec leur chair incrédule

14. ↥ Ce verset n'est qu'une rédaction plus ancienne du v. 24 ; voir le commentaire d'Éphrem et la version latine. Le texte en est mal conservé.

15. ↥ Éphrem paraphrase un texte plus conforme à la tradition biblique et au latin : « Et si les ossements d'Élisée ont rendu à la vie le mort qui tomba sur eux, etc. »

16. ↥ Le commentaire d'Éphrem et la version latine donnent un texte différent : « Celui qui transgresse ces enseignements, le feu lui est réservé, à lui et à ceux qui lui ont ainsi montré le chemin, hommes sans Dieu. »